CATALOGUE

DE

LA COLLECTION DES VIGNES

DU CHATEAU DE CARBONNIEUX,

Réunie par MM. BOUCHEREAU frères,

ET SOUS LES AUSPICES

DE LA SOCIÉTÉ LINNÉENNE

DE BORDEAUX.

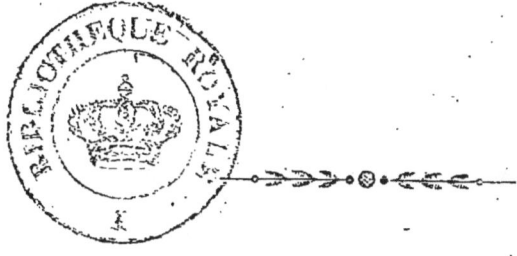

BORDEAUX,

TH. LAFARGUE, IMPRIMEUR DE LA SOCIÉTÉ LINNÉENNE
ET DE LA SOCIÉTÉ D'AGRICULTURE,
Rue Puits de Bagne-Cap, 8.
1843.

CATALOGUE

DE LA

COLLECTION DES VIGNES

DU CHATEAU DE CARBONNIEUX,

Réunie par MM. BOUCHEREAU frères,

SOUS LES AUSPICES

DE LA SOCIÉTÉ LINNÉENNE DE BORDEAUX.

— Cette collection a été successivement complétée au moyen des variétés envoyées, de l'École des Vignes du Luxembourg, par M. le duc Decazes, grand référendaire de la Chambre des Pairs.

NOTA. — Le premier chiffre indique le numéro d'ordre général du Catalogue; le deuxième celui de la plate-bande, et le troisième le nombre de ceps.

PREMIÈRE PLATE-BANDE.

1	1	2	Maroquin, de l'Hérault, fruits noirs ou rouges.
2	2	2	Carignan, de l'Hérault.
3	3	2	Merlé d'Espagne, (Landes).
4	4	2	Pinnau de Coulange, (Yonne).
5	5	2	Boudalès, (Hautes-Pyrénées).
6	6	2	Merbregie, (Dordogne).
7	7	2	Moutardier, (Vaucluse).
8	8	2	Malaga, (Lot).
9	9	2	Bourdelas, (Jura).

10	10	2	Uliade, (Hérault). Fruits noirs ou rouges.
11	11	2	Servant, noir, (Hérault).
12	12	2	Plant de Malin, (Côte-d'Or).
13	13	2	Barbera, noir, (Italie).
14	14	2	Chaliane, (Drôme).
15	15	2	Carguebas, (Lot-et-Garonne).
16	16	2	Raisin perlé, (Jura).
17	17	2	Raisin, rouge, (Drôme).
18	18	2	Perlosette, (Drôme).
19	19	2	Rochelle, noire, (Seine-et-Marne).
20	20	2	Pineau fleuri, (Côte-d'Or).
21	21	2	Aspirant, (Hérault).
22	22	2	Bouteillant, (Bouches-du-Rhône).
23	23	2	Brune, (Maine-et-Loire).
24	24	2	Pineau, noir, (Vienne).
25	25	2	Charge-mulet, (Hérault).
26	26	2	Teinturier, (Vaucluse).
27	27	2	Soule-Bouvier, (Hérault).
28	28	2	Rouge espagnol, (Landes).
29	29	2	Navarre, (Landes).
30	30	2	Liverdun, (Vosges).
31	31	2	Bourguignon, noir, (Seine-et-Marne).
32	32	2	Negron, (Vaucluse).
33	33	2	Muscat, noir, (Jura).
34	34	2	Pulsare, (Haute-Vienne).
35	35	2	Berardi, (Vaucluse).
36	36	2	Liverdun, bon vin, (Vosges).
37	37	2	Asclate saume, (Pyrénées-Orientales).
38	38	2	Croc, (Mayenne).
39	39	2	Blanc Madame, (Hautes-Pyrénées).
40	40	2	Dolceto, (Pô).
41	41	2	Balzamina, (Pô)
42	42	2	Trousseau, (Jura).

43	43	2	Espagnins, (Bouc.-du-Rh.). Fr. noirs ou roug.
44	44	2	Sparse grosse, (Vaucluse).
45	45	2	Sparse menue, (Vaucluse).
46	46	2	Jacobin, (Vienne).
47	47	2	Bordelais, (Mayenne).
48	48	2	Camarau, rouge, (Hautes-Pyrénées).
49	49	2	Pique-poule, noir, (Landes).
50	50	2	Aléatico, (Pô).
51	51	2	Rivedalte, (Lot).
52	52	2	Sanmoireau, (Seine-et-Marne).
53	53	2	Mauzac, noir, (Lot).
54	54	2	Nerre, (Haute-Marne).
55	55	2	Autre variété, (Haute-Marne).
56	56	2	Melon, (Jura).
57	57	2	Teinturier, (Vienne).
58	58	2	Terret, (Hérault).
59	59	2	Tinto, (Ardèche).
60	60	2	Grignoli, (Pô).
61	61	2	Sironido, (Pô).
62	62	2	Rothe-Hinstsche, (Bas-Rhin).
63	63	2	François, noir, (Aube).
64	64	2	Pique-Poule sorbier, (Dordogne).
65	65	2	Brunfourca, (Bouches-du-Rhône).
66	66	2	Gruselle, (Drôme).
67	67	2	Claverie, rouge, (Landes).
68	68	2	Negret, (Haute-Garonne).
69	69	2	L'Houmeau, (Charente).
70	70	2	Almandis, (Gironde).
71	71	2	Guila, noir, (Dordogne).
72	72	2	Pique-poule, (Lot-et-Garonne).
73	73	2	Pique-poule, noir, (Dordogne).
74	74	2	Raisin, noir, (Drôme).
75	75	2	Baclan, (Jura).

76	76	2	Gamet, (Hte-Saône). Fruits noirs ou rouges.
77	77	2	Epicier, grande espèce, (Vienne).
78	78	2	Raisin Suisse de l'Aube.
79	79	2	Coda di Volpe, (Pô).
80	80	2	Balavri, (Pô).
81	81	2	Tokai, (Hautes-Pyrénées).
82	82	2	Noirien, (Aube).
83	83	2	Folle, noir, (Charente-Inférieure).
84	84	2	Cortèse nera, (Pô).
85	85	2	Plant droit, (Vaucluse).
86	86	2	Meunier, (Bas-Rhin).
87	87	2	Lignage, (Maine-et-Loire).
88	88	2	Morillon, noir, (Bas-Rhin).
89	89	2	Gandie, (Dordogne).
90	90	2	Pineau, noir (de l'Yonne).
91	91	2	Mansein, noir, (Landes).
92	92	2	Biron, (Lot).
93	93	2	Amarot (Landes).
94	94	2	Épicier, petite espèce (Vienne).
95	95	2	Madeleine, noire, (Seine).
96	96	2	Cornet, (Drôme).
97	97	2	Courbu, (Hautes-Pyrénées).
98	98	2	Chailloche, (Charente).
99	99	2	Teinturier, (Vienne).
100	100	2	Morillon, noir, (Jura).
101	101	2	Arrouya, (Hautes-Pyrénées).
102	102	2	Picardan, gros, (Vaucluse).
103	103	2	Plant sauvage, (Vaucluse).
104	104	2	Dégoûtant, (Charente).
105	105	2	Clairette de Die, (Hérault).
106	106	2	Pineau noir, (Côte-d'Or).
107	107	2	Maclon, (Gers).
108	108	2	Saint-Jean, rouge, (Hérault).

109	109	2	Canut, (Lot).	Fruits noirs ou rouges.
110	110	2	Pied de Perdrix, noir, (Hautes-Pyrénées).	
111	111	2	Navarro, (Dordogne).	
112	112	2	Lardau, (Drôme).	
113	113	2	Berardi, grande espèce, (Vaucluse).	
114	114	2	Espar, (Hérault).	
115	115	2	Tripied, (Alpes-Maritimes).	
116	116	2	Gros, noir, (Charente).	
117	117	2	Morillon, noir, (Doubs).	
118	118	2	Lambrusquat, (Hautes-Pyrénées).	
119	119	2	Grosse Serine, (Isère).	
120	120	2	Touzan, (Lot-et-Garonne).	
121	121	2	Malvoisie, rouge, (Pô).	
122	122	2	Pique-poule, noir, (Vaucluse).	
123	123	2	Pernan, (Côte-d'Or).	
124	124	2	Rochelle, noir, (Seine-et-Marne).	
125	125	2	Chasselas, noir, (Doubs).	
126	126	4	Pineau franc, (Haute-Saône).	

2.me PLATE-BANDE.

127	1	2	Raisin, rouge, (Cantal).	
128	2	2	Alicante, (Lot).	
129	3	2	Étranger, (Lot-et-Garonne).	
130	4	2	Merveillat, (Vaucluse).	
131	5	2	Ugne, (Vaucluse).	
132	6	2	Parpeuri, (Pô).	
133	7	2	Alexandrie, noir, (Doubs).	
134	8	2	Muscat, noir, (Pô).	
135	9	2	Boutinoux, (Drôme).	Fruits blancs
136	10	2	Vicane, (Charente-Inférieure).	
137	11	2	Picardan, (Hérault).	
138	12	2	Olivette, (Bouches-du-Rhône).	

139	13	2	Chalosse, (Lot-et-Garonne). Fruits blancs.
140	14	2	Bouboulenque, (Vaucluse).
141	15	2	Jacobin, (Vienne).
142	16	2	Gamau, (Drôme).
143	17	2	Muscatelle, (Lot).
144	18	2	Grand, blanc, (Haute-Garonne).
145	19	2	Amadon., (Charente-Inférieure).
146	20	2	Arbonne (Aube).
147	21	2	Weisklepln, (Haut-Rhin).
148	22	2	Clairette de Limoux, (Hérault).
149	23	2	Aramond, blanc, (Hérault).
150	24	2	Folle blanche, (Charente-Inférieure).
151	25	2	Panse musquée, (Bouches-du-Rhône).
152	26	2	Servinien de l'Yonne.
153	27	2	Pied-sain (Mayenne).
154	28	2	Uliade, (Hérault).
155	29	2	Quatitor, (Hérault).
156	30	2	Raisin perlé, (Jura).
157	31	2	Sauvignon, (Hautes-Pyrénées).
158	32	2	Razoulen, (Lot).
159	33	2	Bourret, (Drôme).
160	34	2	Claverie, mâle, (Landes).
161	35	2	Bourgelat, (Vosges).
162	36	2	Plant-Pascal, (Bouches-du-Rhône).
163	37	2	Clairette, (Vaucluse).
164	38	2	Plant-de-Salès, (Bouches-du-Rhône).
165	39	2	Chenein, (Vienne).
166	40	2	Plant-vert de l'Yonne.
167	41	2	Pique-poule (Lot-et-Garonne).
168	42	2	Panse commune, (Bouches-du-Rhône).
169	43	2	Muscat d'Alexandrie, (Hérault).
170	44	2	Cecan, (Haute-Garonne).
171	45	2	Grosse perle, (Seine-et-Marne).

172	46	2	Piquant-Paul, (Basses-Alpes). Fruits blancs.
173	47	2	Verdat, (Vaucluse).
174	48	2	Joannen, (Vaucluse),
175	49	2	Olivette, (Vaucluse).
176	50	2	Malvoisie, (Pô).
177	51	2	Bon blanc, (Doubs).
178	52	2	Malvoisie, (Pyrénées-Orientales).
179	53	2	Joli blanc, (Charente).
180	54	2	Raisin de Crapaud, (Lot).
181	55	2	Nibiolo commun, (Pô).
182	56	2	Piqué-poule, (Landes).
183	57	2	Rougeasse, (Lot).
184	58	2	Mélier blanc, (Jura).
185	59	2	Rischling, (Bas-Rhin).
186	60	2	Lourdaut, (Drôme).
187	61	2	Muscat blanc, (Jura).
188	62	2	Grosse variété blanche, (Bas-Rhin).
189	63	2	Chasselas doré, (Seine-et-Marne).
190	64	2	Chasselas, (Jura).
191	65	2	Ciotat, (Seine).
192	66	2	Saint-Rabier blanc, (Charente).
193	67	2	Dammery blanc, (Yonne).
194	68	2	Sauvignon blanc, (Charente-Inférieure).
195	69	2	Fié jaune, (Vienne).
196	70	2	Fié vert, (Vienne).
197	71	2	Unie blanche, (Bouches-du-Rhône).
198	72	2	Gouais petit, (Jura).
199	73	2	Calcédé, (Landes).
200	74	2	Arranjan petit, (Landes).
201	75	2	Sauvignon, (Jura).
202	76	2	Printannier, (Hautes-Pyrénées).
203	77	2	Chasselas musqué, (Seine-et-Marne).
204	78	2	Cascarolo, blanc, (Pô).

205	79	2	Melon blanc, (Côte-d'Or).	Fruits blancs.
206	80	2	Forte queue, (Deux-Sèvres).	
207	81	2	Doucet, (Lot-et-Garonne).	
208	82	2	Mauzac blanc, (Lot).	
209	83	2	Herbasque, (Alpes-Maritimes).	
210	84	2	Hennant blanc, (Seine-et-Marne).	
211	85	2	Clairette de Limoux, (Hérault).	
212	86	2	Gros blanc, (Moselle).	
213	87	2	Burger, (Bas-Rhin).	
214	88	2	Saint-Pierre, blanc, (Charente).	
215	89	2	Marmot, (Maine).	
216	90	2	Rivesaltes, (Charente).	
217	91	2	Claverie, (Hautes-Pyrénées).	
218	92	2	Arbois, (Maine-et-Loire).	
219	93	2	Chopine, (Aisne).	
220	94	2	Gouais jaune, (Vienne).	
221	95	2	Auvernat, (Maine-et-Loire).	
222	96	2	Prunyéral, (Lot).	
223	97	2	Servinien cendré, de l'Yonne.	
224	98	2	Pineau blanc, (Côte-d'Or).	
225	99	2	Gulard, (Haute-Garonne).	
226	100	2	Pique-poule, (Haute-Garonne).	
227	101	2	Ugne Lombarde, (Vaucluse).	
228	102	2	Rochelle blanche, (Seine-et-Marne).	
229	103	2	Sainte-Jaume, (Landes).	
230	104	2	Courtanet, (Lot-et-Garonne).	
231	105	2	Plant de Languedoc, (Bouches-du-Rhône).	
232	106	2	Muscat d'Espagne, (Hérault).	
233	107	2	Blanc doux, (Landes).	
234	108	2	Labrut, (Landes).	
235	109	2	Raisin grec, (Vaucluse).	
236	110	2	Fourmente, (Aisne).	
237	111	2	Merlet blanc, (Landes).	

238	112	2	Aligoté, (Côte-d'Or).	Fruits blancs.
239	113	2	Kniperlé, (Bas-Rhin).	
240	114	2	Guillan doux.	
241	115	2	Sauvignon, (Jura).	
242	116	2	Mansein blanc, (Landes).	
243	117	2	Sémillon, (Lot-et-Garonne).	
244	118	2	Guillemot blanc, (Landes).	
245	119	2	Raisin blanc, (Pô).	
246	120	2	Valentin blanc, (Mantimée).	
247	121	2	Plant de Demoiselles, (Bouches-du-Rhône).	
248	122	2	Raisin vert, (Bas-Rhin).	
249	123	2	Bourguignon blanc, (Haute-Marne).	
250	124	2	Camarau blanc, (Hautes-Pyrénées).	
251	125	4	Clairette menue, blanche, (Vaucluse).	

3.me PLATE-BANDE.

252	1	2	Pique-poule gris, (Hérault).
253	2	2	Feldlinger, (Bas-Rhin).
254	3	2	Gentil brun, (Bas-Rhin).
255	4	2	Blanquette violette, (Pyrénées-Orientales).
256	5	2	Damas violet, (Hérault).
257	6	2	Muller reben, (Moselle).
258	7	2	Muscat gris, (Loir-et-Cher).
259	8	2	Marvoisin, (Loire).
260	9	2	Feldinger, (Bas-Rhin).
261	10	2	Braquet gris, (Alpes-Maritimes).
262	11	2	Gromier violet, (Cantal).
263	12	2	Muscat rouge, (Seine-et-Marne).
264	13	2	Chasselas violet, (Pô).
265	14	2	Grec rouge, (Drôme).
266	15	2	Pineau gris, (Côte-d'Or).
267	16	68	Auvernat meunier rouge, (Loir-et-Cher).

268	17	80	Vignes du Cap Breton, fruits rouges, blancs et gris, (Landes).	
269	18	2	Sultanié ou Couforogo,	de Smyrne, blanc.
270	19	2	Sultanié de Carabournou,	*idem.*
271	20	2	Moschato,	*id.*
272	21	2	Rosaki aspro (1),	*id.*
273	22	2	Rosaki de Carabournou,	*id.*
274	23	2	Begler aspro,	*id.*
275	24	2	Begler cokino,	*id.*
276	25	2	Cadin Barmac aspro,	*id.*
277	26	2	Cadin Barmac mavro,	*id.*
278	27	2	Turfanto mavro,	*id.*
279	28	2	Critico mavro,	*id.*
280	29	2	Kilisman aspro,	*id.*
281	30	2	Kilisman mavro,	*id.*
282	31	2	Kilisman cokino,	*id.*
283	32	2	Iri cara,	*id.* noir.
284	33	2	Sideritis mavro,	*id.*
285	34	2	Eptakilo,	*id.*
286	35	2	Agrio mavro,	*id.*
287	36	2	Malvoisie de Taragonne, (Espagne).	
288	37	2	Quilliard des Pyrénées, Quillat, (Catalogne).	
289	38	2	Pulceinculo, Monte Pulciano,	*id.*
290	39	2	Faux calona, plutôt Largo ou Leyren, (Esp.)	
291	40	2	Trebiano, (Toscane).	
292	41	2	Verdea d'Arcetri, (Toscane).	
293	42	2	Vaiano, (Monte Pulciano).	
294	43	2	Brucianico, *idem.*	
295	44	2	Malvoisie de Toscane.	
296	45	2	Guillan musqué, (Hérault).	
297	46	2	Malvoisie des Pyrénées.	
298	47	2	Primavis du Var.	
299	48	12	Gros noir, rouge, (Loir-et-Cher).	

(1) *Mavro* signifie *noir; aspro*, *blanc; cokino*, *rouge.*

4.ᵐᵉ PLATE-BANDE.

300	1	2	Grosse hère rouge,	(Lot-et-Garonne).
301	2	2	Prunéras, *id.*	*idem.*
302	3	2	Gros-Bouchères,	*id.*
303	4	2	Gros noir ou grosse queue,	*id.*
304	5	2	Picard rouge,	*id.*
305	6	2	Petit-Bouchères,	*id.*
306	7	2	Piquepout,	*id.*
307	8	2	*id.* velouté,	*id.*
308	9	2	Malvoisie blanc,	*id.*
309	10	2	Bouton blanc, rouge,	*id.*
310	11	2	Blanque pique,	*id.*
311	12	2	Petite hère, rouge,	*id.*
312	13	2	Picardan, rouge,	*id.*
313	14	2	Grand plant, rouge,	*id.*
314	15	2	Muscadelle, blanc,	*id.*
315	16	38	Liverdun, rouge,	(Meurthe.)
316	17	2	Chasselas très-précoce.	
317	18	2	Chasselas, gris.	
318	19	2	Chasselas musqué.	
319	20	2	Chasselas rose.	
320	21	2	Chasselas rouge.	
321	22	2	Pedro Ximen.	
322	23	2	Isabelle.	
323	24	2	Chasselas rose, parfum de rose.	
324	25	2	Alicante.	
325	26	2	Aburtiva.	
326	27	2	Chasselas de Fontainebleau.	
327	28	2	Chasselas violet.	
328	29	2	Quillat, (Catalogne).	
329	30	12	Gouais, blanc,	(Loir-et-Cher).

330	31	12	Core, rouge,		Loir-et-Cher.
331	32	12	Lignage, rouge,		*Idem.*
332	33	12	Arbois, blanc,		*Id.*
333	34	12	Blancheton, blanc,		*Id.*
334	35	12	Marvoisie, gris,		*Id.*
335	36	12	Cahors, rouge,		*Id.*
336	37	44	Auvernat franc, rouge,		*Id.*
337	38	12	Muscat fou, blanc,		(Dordogne).

5.ᵐᵉ PLATE-BANDE.

338	1	2	Petite Vidure,	rouge,	Gironde.
339	2	2	Petit Verdot,	*Idem.*	*Idem.*
340	3	2	Roumie,	*Id.*,	*Id.*
341	4	2	Grosse Parde,	*Id.*,	*Id.*
342	5	2	Petite Parde,	*Id.*,	*Id.*
343	6	2	Estrangey,	*Id.*,	*Id.*
344	7	2	Bicane,	*Id.*,	*Id.*
345	8	2	Cony,	*Id.*,	*Id.*
346	9	2	Massoutet,	*Id.*,	*Id.*
347	10	2	Grosse Vidure,	*Id.*,	*Id.*
348	11	2	Carbouet,	*Id.*,	*Id.*
349	12	2	Pied d'ouille,	*Id.*,	*Id.*
350	13	2	Amaroy,	*Id.*,	*Id.*
351	14	2	Piquepout,	*Id.*,	*Id.*
352	15	2	Graput,	*Id.*,	*Id.*
353	16	2	Moustrage doux,	*Id.*,	*Id.*
354	17	2	Girançon,	*Id.*,	*Id.*
355	18	2	Provençal,	*Id.*,	*Id.*
356	19	2	Chermentey,	*Id.*,	*Id.*
357	20	2	Côte Rouge,	*Id.*,	*Id.*
358	21	2	Mercier,	*Id.*,	*Id.*
359	22	2	Martimouche,	*Id.*,	*Id.*

360	23	2	Hourcat,	rouge.	Gironde.
361	24	2	Granache,	*Id.*,	*Id.*
362	25	2	Balouzat de Pireques,	id.,	id.
363	26	2	Moustrage aigre,	id.,	id.
364	27	2	Cruchinet rouge,	id.,	id.
365	28	2	Grand Massoutet,	id.,	id.
366	29	2	Cruchinet bâtard,	id.,	id.
367	30	2	Enrageat,	id.,	id.
368	31	2	Sauvignon,	id.,	id.
369	32	2	Sauvignon,	id.,	id.
370	33	2	Faux Merlot,	id.,	id.
371	34	2	Blayais,	id.,	id.
372	35	2	Raisin panaché,	id.,	id.
373	36	2	Vidure Sauvignon,	id.,	id.
374	37	2	Merlot,	id.,	id.
375	38	2	Prunelat.	Fruits blancs,	id.
376	39	2	Verdet,	id.,	id.
377	40	2	Blayais,	id.,	id.
378	41	2	Sémélion roux,	id.,	id.
379	42	2	Panse musquée,	id.,	id.
380	43	2	Blanc auba,	id.,	id.
381	44	2	Enrageat,	id.,	id.
382	45	2	Bequin,	id.,	id.
383	46	2	Malvoisie,	id.,	id.
384	47	2	Couetort,	id.,	id.
385	48	2	Petit Sauvignon,	id.,	id.
386	49	2	Blanque hourcude,	id.,	id.
387	50	3	Chalosse,	id.,	id.
388	51	2	Madonne,	id.,	id.
389	52	2	Cruchinet,	id.,	id.
390	53	2	Blandoux,	id.,	id.
391	54	2	Pulgarie,	id.,	id.
392	55	2	Camehort,	id.,	id.

393	56	2	Cujas.	Fruits blancs,	Gironde.
394	57	2	Muscadet doux,	id.,	id.
395	58	2	Sémélion blanc,	id.,	id.
396	59	2	Lecurieux,	id.,	id.
397	60	2	Muscadet aigre,	id.,	id.
398	61	2	Chasselas,	id.,	id.
399	62	2	Radican,	id.,	id.
400	63	2	Guespey,	id.,	id.
401	64	2	Blanquette,	id.,	id.
402	65	2	Malaga,	id.,	id.
403	66	2	Cornichon,	id.,	id.
404	67	2	Magdeleine,	id.,	id.
405	68	2	Faux Malaga,	id.,	id.
406	69	2	Blanquette blanche,	id.,	id.
407	70	2	Faux muscadet,	id.,	id.
408	71	2	Persillade,	id.,	id.
409	72	2	Nom inconnu,	id.,	id.
410	73	2	Blanc mou,	id.,	id.
411	74	2	Nom inconnu,		
412	75	2	Larrivet,	fruits rouges.	id.
413	76	2	Bigney,	id.,	id.
414	77	2	Balouzat,	id.,	id.
415	78	2	Grande parde,	id.,	id.
416	79	2	Cruchinet,	id.,	id.
417	80	2	Bouton blanc,	id.,	id.
418	81	2	Came de perpet,	id.,	id.
419	82	2	Muscat,	id.,	id.
420	83	2	Sem de bourg,	id.,	id.
421	84	2	Clare,	id.,	id.
422	85	2	Sem de Pellé,	id.,	id.
423	86	2	Gros verdot,	id.,	id.
424	87	2	Chasselas,	id.,	id.
425	88	2	Malaga,	id.,	id.

426	89	2	Carmenet sauvignon, fruits rouges, Gironde.
427	90	2	Picard,	id.,	id.
428	91	2	Grosse parde,	id.,	id.
429	92	2	Cépage de Toulouse, fruits blancs. id.
430	93	2	Persillade,	id.,	id.
431	94	2	Blanquette,	id.,	id.
432	95	2	Petite chalosse,	id.,	id.
433	96	2	Petit blayais,	id.,	id.
434	97	2	Gros blayais,	id.,	id.
435	98	2	Grosse chalosse,	id.,	id.
436	99	2	Muscat,	id.,	id.
437	100	2	Chasselas,	id.,	id.
438	101	2	Malaga,	id.,	id.
439	102	2	Bergerac,	id.,	id.
440	103	2	Muscat d'Alexandrie, id.,	id.
441	104	40	Corinthe,	id.,	id.

6.me PLATE-BANDE.

442	1	30	Grosse Syrrha. Fruits rouges, commune de Tain, Drôme.
443	2	30	Petite Syrrha. Idem. Id.
444	3	30	Grosse Roussanne. Fruits blancs. Id.
445	4	30	Petite Roussanne. Idem. Id.
446	5	10	Vicane. rouge. Rhône.
447	6	10	La Cerine. blanc. Id.
448	7	2	Valérienne de Châtillon. Marne.
449	8	2	Chasselas blanc dur commun. Id.
450	9	2	Gouais de Mardeuil. Id.
451	10	2	Petit plant vert d'Ay, dit Meslier. Id.
452	11	2	Chasselas de Vigne. Id.
453	12	2	Gros Gouais. Id.
454	13	2	Gamet de Châtillon. Id.

455	14	2	Gamet ou Épinette.	Marne.
456	15	2	Petit plant vert de Cramant.	Id.
457	16	2	Blanc doré.	Id.
458	17	2	Plant doux, ou petit Marmot doux.	Id.
459	18	2	Gouais blanc, dit gros Marmot.	Id.
460	19	2	Verdilasse de Cramant.	Id.
461	20	2	Gros plant gris, dit Gobin ou Boutilot.	Id.
462	21	2	Rouge doré.	Id.
463	22	2	Petit plant doré de Pierry.	Id.
464	23	2	Gouais noir.	Id.
465	24	2	Teinturier noir.	Id.
466	25	2	Meunier, dit plant de Meaux.	Id.
467	26	2	Demi plant noir.	Id.
468	27	2	Gouais noir.	Id.
469	28	2	Gros plant doré noir.	Id.
470	29	2	Pineau noir vrais grains longs.	Id.
471	30	2	Enfumé noir, dit naturel.	Id.
472	31	2	Teinturier de Châtillon.	Id.
473	32	2	Uva di Tri volte l'anno, Ile d'Ischia Grèce.	
474	33	46	{ Vicane.	Rhône.
			{ Cerine.	Id.

7.me PLATE-BANDE.

475	1	2	Lahère, rouge (La Réole, Gironde.)	
476	2	2	Madère.	
477	3	2	Constance.	
478	4	2	Le gros Piquepout. (La Réole, Gironde)	
479	5	2	La côte rouge.	id.
480	6	2	Le gros Semillon blanc.	id.
481	7	2	Le Caan.	id.
482	8	2	Le Grand noir.	id.
483	9	12	Le Pignon rouge. (Médoc, Gironde)	

484	10	12	Le Béquinio rouge. (Cenon-Labastide.)	
485	11	12	Mausac à longue queue, rouge.	id.
486	12	12	Mausac à courte queue, id.;	id.
487	13	4	Muskateli de Hongrie.	
488	14	2	Petite Saumansingue, rouge,	Gironde.
489	15	2	Merlot. id.,	id.
490	16	2	Frontignan. blanc.	id.
491	17	2	Gros Saint-Pierre, rouge.	id.
492	18	2	Tinturin ordinaire, id.,	id.
493	19	2	Grand blanc, blanc.	id.
494	20	2	Cabernet machocal, rouge.	id.
495	21	2	Prolongeau, id.,	id.
496	22	2	Grosse Saumansingue, id.,	id.
497	23	2	Petit Cabernet, id.,	id.
498	24	2	Gros Cabernet, id.,	id.
499	25	2	Petit Boutignau, id.,	id.
500	26	2	Gros Tinturin. id.,	Gironde.
501	27	2	Bouillau noir, id.,	id.
502	28	2	Bouillau blanc, id.,	id.
503	29	2	Pied tendre, id.,	id.
504	30	2	Cahors, id.,	id.
505	31	2	Petite Chalosse, id.,	id.
506	32	2	Balouzat, id.,	id.
507	33	2	Pelouille, id.,	id.
508	34	2	Magdeleine, id.,	id.
509	35	2	Cornichon violet, id.,	id.
510	36	22	Menu Pineau blanc de Vouvray, (Ind. et L.)	
511	37	24	Gros Pineau, id.,	id.
512	38	2	Muscat ordinaire, Rivesaltes, (Pyrén. Orient.)	
513	39	2	Muscat alexandrin, id.,	id.
514	40	2	Macabeo, id.,	id.
515	41	2	Malvoisie. id.,	id.
516	42	2	Blanquette, id.,	id.

517	43	2	St-Antoine, noir. Rivesaltes (Pyrén. Orient.).
518	44	2	Pique-poule, grise. *id.*, *id.*
519	45	2	Pique-poule, noire. *id.*, *id.*
520	46	2	Crignane, *id.*, *id.*
521	47	2	Grenache, rouge, *id.*, *id.*
522	48	2	Grenache, blanche, *id.*, *id.*
523	49	2	Raisin de St-Jacques, *id.*, *id.*
524	50	2	Panse, *id.*, *id.*
525	51	2	Dolsanelle, *id.*, *id.*
526	52	2	Muscat, noir, *id.*, *id.*
527	53	2	Cilla, noir, *id.*, *id.*,
528	54	2	Raverient, *id.*, *id.*
529	55	2	Tarret, *id.*, *id.*
530	56	2	Mataro, *id.*, *id.*
531	57	2	Crignane à f.^{les} n.^{res}, *id.*; *id.*
532	58	2	Muscat rouge, *id.*, *id.*
533	59	2	Blanquette rouge, *id.*, *id.*
534	60	2	Brunet, *id.*, *id.*
535	61	2	Mataro de l'annel (anneau), *id.*, *id.*
536	62	2	Pique-poule coronade (couronnée) *id.*
537	63	2	Blanquette de Limoux, *id.*, *id.*
538	64	2	Cilla rouge, *id.*, *id.*
539	65	2	Morvilla, *id.*, *id.*
540	66	2	Dolsanelle à grains oblongs, *id.* *id.*
541	67	2	Dolsanelle à grains ronds, *id.*, *id.*
542	68	2	Raisin blanc et noir, *id.*, *id.*
543	69	2	*Id.* de St-Jacques, à grains oblongs, *id.*
544	70	2	Garrigue, *id.*, *id.*
545	71	2	Mansès, *id.*, *id.*
546	72	2	Morastel, *id.*, *id.*
547	73	2	Testicule de chat, *id.*, *id.*
548	74	2	Carcasès, *id.*, *id.*
549	75	2	Dardanell, *id.*, *id.*

550	76	2	Come,	Rivesaltes,	(Pyrén. Orient.).
551	77	2	Asclate saume,	id.,	id.
552	78	2	Asclate saume,	id.,	id.
553	79	2	Ijague,	id.,	id.

8.me PLATE-BANDE.

554	1	18	Corinthe,	(Morée.)
555	2	2	Touriga,	(Portugal).
556	3	2	Tinta Francisca.	id.
557	4	2	Alvarilhao.	id.
558	5	2	Tinta da Mina.	id.
559	6	2	Bastardo.	id.
560	7	2	Maurisco preto.	id.
561	8	2	Tinto cao.	id.
562	9	2	Donzelinho do Castello.	id.
563	10	2	Farinheira.	id.
564	11	2	Mureto Preto noir.	id.
565	12	2	Malvasia grossa, blanc.	id.
566	13	2	Malvasia fina.	id.
567	14	2	Gouveio.	id.
568	15	2	Muscatel.	id.
569	16	2	Mansenc.	(Basses-Pyrénées).
570	17	2	Ahumat.	id.
571	18	2	Caussit-Camerouge.	id.
572	19	2	Muscardi.	id.
573	20	2	Caussit.	id.
574	21	2	Couloumat.	id.
575	22	2	Gros cruchent.	id.
576	23	2	Petit cruchent.	id.
577	24	2	Sauvignon.	id.
578	25	2	Totkai, blanc.	id.
579	26	2	Claverien.	id.

580	27	2	Rafiac,	(Basses-Pyrénées).	
581	28	2	Tokai, gris.	id.	
582	29	2	Moustardé.	id.	
583	30	2	Claret doux.	id.	
584	31	2	Petit-Pineau.	id.	
585	32	2	Gros-Pineau.	id.	
586	33	2	Tannat.	id.	
587	34	80	Vignes de l'île de Corse.		
588	35	12	Monrachet ou Pineau, à fr. blancs.	Côte-d'Or.	
589	36	12	Pineau fin, fruits rouges.	id.	
590	37	12	Gamet dit Melon, fruits blancs.	id.	
591	38	12	*Idem*, plant gris,	id.	id.
592	39	12	*Idem*, à fruits rouges.	id.	
593	40	30	Gros Pineau, dit plant de Pernau.	id.	

9.me PLATE-BANDE.

594	1	72	Rischling, blanc, Johannisberg.		
595	2	80	Mantuo de Pila, blanc,	Cadix,	Espagne.
596	3	2	Saint-Pierre de l'Allier.		
597	4	2	Gros Guillaume.		
498	5	2	Damas, noir.		
599	6	6	Faudant blanc de Genève.		
600	7	2	Frankental.		
601	8	2	Ribier (Drôme).		
602	9	12	Pedro Ximen; blanc.	Cadix,	Espagne.
603	10	32	Moscatel, blanc.	id.	id.
604	11	42	Mantuo castellano.	id.	id.
605	12	2	Raisin rouge,		id.

10.me PLATE-BANDE.

606	1	3	Moscatel.	Cadix.
607	2	3	Largo.	id.

608	3	3	Pedro Ximen.	Malaga.	Espagne.
609	4	3	Temprano.	id.	id.
610	5	3	Marbelli, blanc	id.	id.
611	6	3	Jaen id.	id.	id.
612	7	3	Mollar, noir.	id.	id.
613	8	3	Casin, noir.	id.	id.
614	9	3	Lairen, blanc.	id.	id.
615	10	3	Cabriel, noir	id.	id.
616	11	3	Doradilla, blanc.	id.	id.
617	12	3	Huevo degato, noir.	id.	id.
618	13	3	Corazon de Cabrito, rouge.	id.	id.
619	14	3	Santa-Paula, blanc.	id.	id.
620	15	3	De Loxa, blanc.	id.	id.
621	16	3	Verdionas.	id.	id.
622	17	3	Calona negra.		
623	18	3	San Antoni.		
624	19	3	Albillon cagalon.		
625	20	3	Malvoisie de la Corse.		
626	21	3	Aléatico.		
627	22	3	Macabéo.		
628	23	3	Listan.		
629	24	3	Autre Listan.		
630	25	3	Saint-Jacques.		
631	26	3	Sciaccarello, blanc.		
632	27	3	Sciaccarello, Rouge.		
633	28	3	Raisin sultan.		
634	29	3	Furmint, plant de Tokai.		
635	30	2	Altesse, blanche, (Chypre).		
636	31	3	Du Vésuve, (Lacryma-Christi).		
637	32	3	Alkermès, (Perse).		
438	33	3	Grenache, (Catalogne).		
639	34	3	Damas, le Gros.		
640	35	3	Terra promessa (Vésuve).		

641	36	3	Mataro, (Espagne).		
642	37	3	Tokay, blanc, (Hongrie).		
643	38	3	Maroc, le gros, (Afrique).		
644	39	3	Listan, (Espagne).		
645	40	4	Espagnou,	blanc.	Nice.
646	41	3	Blancona,	id.	id.
647	42	3	Muscatel Espagna,	id.	id.
648	43	3	Fuola,	id.	id.
649	44	3	Aïga passerra,	id.	id.
650	45	3	Claretta,	id.	id.
651	46	3	Savaget;	id.	id.
652	47	3	Role,	id.	id.
653	48	3	Calian,	id.	id.
654	49	3	Gionèa,	id.	id.
655	50	3	Coliandri,	id.	id.
656	51	3	Moscatéo,	id.	id.
657	52	3	Bromes,	id.	id.
658	53	3	Mostoua,	id.	id.
659	54	3	Brachet,	id.	id.
660	55	3	Pigniairou,	id.	id.
661	56	3	Varlentin,	id.	id.
662	57	3	Caronega,	id.	id.
663	58	3	Rosan,	id.	id.
664	59	3	Tripiera,	noir.	id.
665	60	3	Moscatéo,	id.	id.
666	61	3	Salerna,	id.	id.
667	62	3	Maliver,	id.	id.
668	63	3	Caronega,	id.	id.
669	64	3	Espagnou,	id.	id.
670	65	3	Fuola,	id.	id.
671	66	3	Barbaroux,	id.	id.
672	67	3	Bromes,	id.	id.
673	68	3	Trinchiera,	id.	id.

674	69	3	Varlentin,	noir.	Nice.
675	70	3	Roussea,	id.	id.
676	71	3	Negro,	id.	id.
677	72	3	Brachet,	id.	id.

11.me PLATE-BANDE.

678	1	3	Malvasia,	blanc.	Piémont.
679	2	3	Erbaluce,	rouge.	id.
680	3	3	Chasselas à la rose,	id.	id.
681	4	3	Malvasia,	id.	id.
682	5	3	Barba rossa,	id.	id.
683	6	3	Uvalerio,	noir.	id.
684	7	3	Gramelotte,	blanc.	id.
685	8	3	Gros Hibou,	noir.	id.
686	9	3	Lacryma,	id.	id.
687	10	3	Bonarda,	id.	id.
688	11	3	Erbaluce,	blanc.	id.
689	12	3	Poërina,	id.	id.
690	13	3	Gros Muscat,	id.	id.
691	14	3	Gros Portin,	rouge.	id.
692	15	3	Petit Muscat,	blanc.	id.
693	16	3	Raisin prune,	id.	id.
694	17	3	Eperon,	noir.	id.
695	18	3	Pied de Perdrix,	id.	id.
696	19	3	Malvasia,	blanc.	id.
697	20	3	Alexandrine,	rouge.	id.
698	21	3	Beran,	id.	id.
699	22	3	Balsamea,	id.	id.
700	23	3	Petit Sarvagnin,	id.	id.
701	24	3	Cascarolo,	id.	id.
702	25	3	Mondeuse blanche,	id.	id.
703	26	3	Pella verda,	id.	id.

704	27	3	Gouet,	blanc.	Piémont.
705	28	3	Picardan Bicolore,	id.	id.
706	29	3	Nosella du Monferrat,		id.
707	30	3	Gramelotte,	noir.	id.
708	31	3	Aleatico,		id.
709	32	3	Nebiolo d'Asty,		id.
710	33	3	Barbera, d'Asty,		id.
711	34	3	Lambrusca,		id.
712	35	3	Noretto,	noir.	id.

12.ᵐᵉ PLATE-BANDE.

713	1	3	Donnée,	noir.	Piémont.
714	2	3	Lacryma,	blanc.	id.
715	3	3	Barbera ordinaire,	id.	id.
716	4	3	Rossese,	id.	id.
717	5	3	Uva rosa,	Florence,	Toscane.
718	6	3	Mammolo serrato,		id.
719	7	3	Cannaiolo bianco,		id.
720	8	3	Aleatico Rosso,		id.
721	9	3	Lacryma forte,		id.
722	10	3	Moscadello bianco,		id.
723	11	3	Trebbiano bianco,		id.
724	12	3	Mammolo,		id.
725	13	3	Colore grosso,		id.
726	14	3	Uva grossa,		id.
727	15	3	Merzemina,		id.
728	16	3	Abrostolo forte,		id.
729	17	3	Rossone,		id.
730	18	3	Abrostolo dolce,		id.
731	19	3	Cipro,		id.
732	20	3	Aleatico bianco,		id.
733	21	3	San Colombano,		id.

734	22	3	Colore Piccolo, Florence,		Toscane.
735	23	3	Rapone,		id.
736	24	3	Moscadello nero,		id.
737	25	3	Lacryma dolce,		id.
738	26	3	Malvagia bianca,		id.
739	27	3	Uva sapa,		id.
740	28	3	S. Gioveto,		id.
741	29	3	Canaiolo nero,		id.
742	30	3	Battaio,		id.
743	31	3	Buon amico,		id.
744	32	3	Zucaja,		id.
745	33	3	Cimiciattola,		id.
746	34	3	Trebbiano peruguino,		id.
747	35	3	Rinaldesca,		id.

13.me PLATE-BANDE.

748	1	3	Occhio de Pernice,	Florence,	Toscane.
749	2	3	Ortesse,		id.
750	3	3	Malvasia,	Trieste,	id.
751	4	3	Rosa		id.
752	5	3	Reposco,		id.
753	6	3	Semi danu,	(Ile de Sardaigne).	
754	7	3	Bovali,		id.
755	8	3	Rieddera,		id.
756	9	3	Arratalau,		id.
757	10	3	Muscat,		id.
758	11	3	Malvasia,		id.
759	12	3	Muscat noir,		id.
760	13	3	Giro,		id.
761	14	3	Galoppo,		id.
762	15	3	Moscatello,		id.
763	16	3	Testa di Vacca,		id.

764	17	3	Rosa ;	(Ile de Sardaigne).
765	18	3	Abbadia,	id.
766	19	3	Nuragus,	id.
767	20	3	Bianchedda.	id.
768	21	3	Manresu,	id.
769	22	3	Arremungiau,	id.
770	23	3	Cainaccia,	id.
771	24	3	Nasco,	id.
772	25	3	Monica,	id.
773	26	3	Canonau,	id.
774	27	3	Merdulina.	id.
775	28	3	Appesargia,	id.
776	29	3	Appersargia nera,	id.
777	30	3	Argumannu,	id.
778	31	3	Raisin vardea, Corfou,	(Iles Ioniennes).
779	32	3	Raisin ciré,	id.
780	33	3	Raisin rouge,	id.
781	34	3	Catowbea,	Amérique.
782	35	3	Vigne Isabelle,	id.

14.ᵐᵉ **PLATE-BANDE**.

783	1	3	Jurançon blanc,	Tarn-et-Garonne.
784	2	3	Milhau noir,	id.
785	3	3	Isernone,	id.
786	4	3	Malissart noir,	id.
787	5	3	Bouillenc, noir,	id.
788	6	3	Oxerrois du Lòt,	id.
789	7	3	Oudene noir,	id.
790	8	3	Gresilla,	id.
791	9	3	Jolicante blanc.	id.
792	10	3	Blanquette commune ;	id.
793	11	3	Morillon noir, ou négrette,	id.

794	12	3	Mauzac,	blanc,	Tarn-et-Garonne.
795	13	3	Verdanet,		id.
796	14	3	Perpignan,	noir,	id.
797	15	3	Clairette,	blanche,	id.
798	16	3	Languedoc,	noir,	id.
799	17	3	Corynthe,	rouge,	id.
800	18	3	Oudene,	blanc,	id.
801	19	3	Bouillenc,	muscat,	id.
802	20	3	Frontignan,	blanc,	id.
803	21	3	Mauzac,		id.
804	22	3	Amprau,		id.
805	23	3	Peillous,		id.
806	24	3	Fer servadou,		id.
807	25	3	Jurançon,	blanc,	id.
808	26	3	Maroquin,		id.
809	27	3	Bordelais,	noir,	id.
810	28	3	Mauzac,	rouge,	id.
811	29	3	Mercat du Lot,		id.
812	30	3	Quocarnet,	noir,	id.
813	31	3	Boustalès,	id.	id.
814	32	3	Poupobois,		id.
815	33	3	Chasselas à grains ambrés,		id.
816	34	3	Chalosse,	blanc,	id.
817	35	3	Laibos,		id.

15.me PLATE BANDE.

818	1	3	Milgranet,		Tarn-et-Garonne.
819	2	3	Pique-poule rose,		id.
820	3	3	Muscadet,		id.
821	4	3	Goundoulenc,		id.
822	5	3	Agudet,	noir,	id.
823	6	3	Sémillon,	blanc,	id.
824	7	3	Villodri,	blanc,	id.

825	8	3	Roussillon,	noir.	Tarn-et-Garonne.
826	9	3	Malvoisie,	rosée.	id.
827	10	3	Mérille,	noir.	id.
828	11	3	Agudet,	blanc.	id.
829	12	3	Terret Bouret,	noir.	id.
830	13	3	Sauvignon,	blanc.	id.
831	14	3	Plant de Gibert.		id.
832	15	3	Blanquette,	grise.	id.
833	16	3	Gros raisin.		id.
834	17	3	Alicante rouge,	rouge.	id.
835	18	3	Agadet,	blanc.	id.
836	19	3	Oxerrois,	cote rouge.	id.
837	20	3	Chaussé,	gris.	id.
838	21	3	Bouillenc,	blanc.	id.
839	22	3	Mourtès.		id.
840	23	3	Corbeau,	rouge.	Hérault.
841	24	3	Vermentino, de Corse.		
842	25	3	Muscat biféré.		(Hérault).
843	26	3	Muscat Frontignan.		id.
844	27	3	Aramond,	rouge	id.
845	28	3	Malvoisie à grandes feuilles.		id.
846	29	3	Beni Carlos,	rouge.	(Espagne).
847	30	3	Bouteillau,	blanc.	(Vaucluse).
848	31	3	Petit Bouteillau,	rouge.	id.
849	32	3	Gros bouteillau,	id.	id.
850	33	3	Marajeny.		(Crimée).
851	34	3	Vigne d'Amérique à feuilles dentées.		
852	35	3	Terre promise.		

16.me PLATE-BANDE.

853	1	33	Vignes mélangées de la collection Rupprech: à Vienne.
854	2	3	Feger Goher, (Hongrie).

855	3	3	Vrai Furmint,		(Hongrie)
856	4	3	Ketsketstro,		id.
857	5	3	Balafan,		id.
858	6	3	Totok Goher,		id.
859	7	3	Bakator,		id.
860	8	3	Fehèr Szollo,		id.
861	9	3	Harslevelu,		id.
862	10	3	Roszas,		id.
863	11	3	Kadarkas,		id.
864	12	3	Leany Szollo,		id.
865	13	3	Poresin,		id.
866	14	3	Okor Szenoc Szollo,		id.
867	15	3	Côte rotie,		id.
868	16	3	Miracle,		
869	17	3	Cascarollo,		
870	18	3	Daubasio,		
871	19	3	Gros Hibou,		
872	20	3	Aleatico, (Toscane).		
873	21	15	Isabelle, (d'Amérique).		

17.ᵐᵉ PLATE-BANDE.

874	1	3	Worlington,		(Amérique)
875	2	3	Vitis Elsenbergii, noir, rond.		id.
876	3	3	Pekat,		id.
877	4	3	Vitis nortoni,	id.	id.
878	5	3	Catawbe,	id.	id.
879	6	3	Vitis muney,	id.	id.
880	7	3	Vitis orwisbrugii,	id.	id.
881	8	3	Scupernon,		id.
882	9	3	Alexandrii, diffère un peu de l'Isabelle, id.		
883	10	3	Lambrusca,	Amérique Septentrionale.	
884	11	3	Tresseau,		Yonne.

885	12	3	Noireau de fontaine des Dijon,	Côte-d'Or.
886	13	3	Pineau de Chamberlin,	id.
887	14	3	Romain,	Yonne.
888	15	3	Argand, rouge,	(Jura),
889	16	3	Lallemand facun, blanc.	
890	17	3	Petit Pineau de Lorraine.	
891	18	3	Gros plant de Provence,	Jura.
892	19	3	Gros Maringot de la Moselle.	
893	20	3	Plant rouge de Beaune,	Côte-d'Or.
894	21	3	Lallemand facun rouge,	Bas-Rhin et Alle-
895	22	3	Moure ou Mouret noir.	[magne.
896	23	3	Chany rouge.	
897	24	3	Chany gris.	
898	25	3	Gamet rouge, Lyonnais.	
899	26	3	Damas noir.	
900	27	3	Damas rouge ou grésil.	
901	28	3	Fragé rouge.	
902	29	3	Fragé blanc.	
903	30	3	Grésille blanche.	
904	31	3	Nerou double noir.	
905	32	3	Nerou blanc.	
906	33	3	Pineau de Bourgogne.	
907	35	3	Pinai beau noir.	
908	35	3	Admirable beau noir.	
909	36	3	Gros rouge Romain.	
910	37	3	Muscat noir hâtif, obtenu de Frankantal.	
911	38	3	Chasselas musqué, obtenu du gros coulard.	
912	39	3	Chaptal, obtenu d'un inconnu.	
913	40	3	Muscat noir hâtif, semence d'Angleterre.	
914	41	3	Madeleine blanche, obtenue de la noire.	
915	42	3	Bonnes variétés obtenues de la Madeleine	
916	43	3	*Idem.*,	*Idem.* [noire.
917	44	3	Raisin de Candolle.	
918	45	3	Isabelle,	Amérique.
919	46	12	Aburtiva,	id.

BORDEAUX, IMPRIMERIE DE TH. LAFARGUE.

www.ingramcontent.com/pod-product-compliance
Lightning Source LLC
Chambersburg PA
CBHW060554050426
42451CB00011B/1906